초록빛 향기 숲을 걷다

오진환 제4시집

고향의 봄 _ 53.0×40.9cm _ Oil on canvas

을지출판공사

이남춘(윤정) 갤러리(gallery)

소소한 풍경들

포도와 들꽃 _ 60.6×50.0cm _ Oil on canvas

남프랑스의 추억 _ 53.0×45.5cm _ Oil on canvas

해바리기 Ⅱ _ 53.0×40.9cm _ Oil on canvas

십자가 은혜 _ 65.1×53.0cm _ Oil on canvas

담장 위의 장미 _ 53.0×40.9cm _ Oil on canvas

생 명 _ 50.9×50.9cm _ Oil on canvas

봄이 오는 소리 _ 72.9×60.6cm _ Oil on canvas

겨울 이야기 _ 53.0×40.9cm _ Oil on canvas

쉼이 있는 풍경 Ⅱ _ 116×8×80.3cm _ Oil on canvas

연 꽃 _ 41.0×27.3cm _ Oil on canvas

쉼이 있는 풍경 Ⅳ _ 53.0×40.9cm _ Oil on canvas

해바라기 Ⅰ _ 40.9×50.9cm _ Oil on canvas

겨울 이야기 Ⅱ _ 53.0×40.9cm _ Oil on canvas

쉼이 있는 풍경 I _ 40.9×31.8cm _ Oil on canvas

바다 그리고 그리움 _ 53.0×40.9cm _ Oil on canvas

장 미 _ 60.6×50.0cm _ Oil on canvas

쉼이 있는 풍경 Ⅲ _ 40.9×31.8cm _ Oil on canvas

오승아 작품 (운현초등학교 _ 저자 손녀)

예쁜 들판

허수아비와 나와의 신나는 여행

저자 오진환 시인 가족의 단란한 한때

▲ 백두산 천지에서

◀ 수락산 천상병산길에서

제주도에서
◀ ▼

미국 백악관 앞에서

미국 엠파이어 스테이트 빌딩 앞에서

미국 링컨 기념관에서

스페인 파밀리아 성당 앞에서

덴마크 코펜하겐 인어공주 동상 앞에서

북유럽에서

튀르키예 돌마바흐체 궁전 앞에서

이집트 피라미드, 스핑크스 앞에서

북유럽에서

러시아 모스크바 성 바실리 대성당 앞에서

초록빛 향기 숲을 걷다

오진환 제4시집

을지출판공사

┃시인의 말┃

이 땅에 태어난 나의 존재는 무엇인가
늘 사물과 접하며 내 인생 노트에 메모해
하루하루 삶의 존재 의미를 찾아 동반하는 자와
늘 대화 그리움 만남의 연속 꿈을 가지련다.

시를 향한 나의 집념이 생활과 연결되어
부족함을 느낄 때마다 영혼의 삶을 찾아
멋진 모습으로 존재하는 자신을 표현하고자 한다.

창의력 과시, 상상력을 추구하는
시인의 새로운 모습으로 뇌의 웃음 감동 느낌
행복한 모습으로 정진하려 한다.

늘 부족함을 느끼며 제4시집을 세상에 내놓는다.
그림으로 도와준 아내와
늘 곁에서 도움을 주는
아들, 며느리, 손녀에게도 감사함을 표한다.
나와 인연이 된 모든 분들께도 고마움을 전한다.

2023년 4월 20일

오 진 환

차례

제2부 우 정

Contents

제3부 그들에게 오월의 기쁨이

Contents

제4부 아름다운 그대

Contents

제5부 창밖으로 보는 세상

■ **오승아 작품**(운현초등학교 _ 저자 손녀)

제 1 부

바다가 보이는 언덕

꿈꾸는 미래의 허상같이
새로운 삶 추구하면서
살아가는 우리들 되리라

그리운 숲

봄 여름 가을 겨울
계절이 다르다

은빛 갈대
여인과 함께
손잡고 걷는 모습이 아름답다

옛 기차를 타고
자연, 공기, 바람, 나무들 힐링이다
에코 랜드 자연의 맛

자연을 보며 느끼는 맛
그리워지고 보고 싶고
숲의 친구가 되고 싶다

아! 그리운
숲, 자연

기쁜 날

긴 세월 시간의 공간 속에서
묵묵히 견디어 온 아들

수련의 과정을 통해서
사람의 생명 살리는 길

마음 조아리는 시간 속에
꿈을 품고 기다리던 시간

푸른 바다, 높은 언덕에 서서
삶을 되돌아본다

주님이 주신 재능으로
사랑의 공동체, 이웃 돕는 일

반가운 소식으로 그동안의
고통 씻어 주었다
오늘은 기쁜 날!

노을이 그려진 바다
–장봉도 혜림원

맑고 쾌청한 별들이 이지러져 가는
조각 달빛에 하나 둘 자취 감추듯 서서히
또 하루가 밝아 온다

자연, 사람, 삶
늘 꿈을 그리며 사는 것
오늘도 힘차게 삶 영위하고 있다

그리운 장봉도 혜림원
찬바람이 노을을 물들이고
둘레길 가는 길, 멀리 보이는 바다

시골 섬길 거닐며 옛 추억이 되살아난다.
장봉도 혜림원 해설하시는 그녀(복지사)
마음씨가 아름답다

세상에서 가장 소중하고 값진 것이 무엇인가를
생각해 보며 넉넉하고 겸손함으로 보람 가득하여
사랑 넘쳐 즐겁고 행복한 삶이 되기를 기원한다

화려한 외출

흰 눈이 쌓인 호숫가
마음에 와 닿는다

눈 밟으며
아름다움을 느꼈던
화려한 외출을 찾아 나선다

지나간 아쉬움보다
그리움이 앞서 간다

어디쯤 정체해 있을까
무엇을 추구하며 흘러갈까

너와 나의 만남
추억만으론 계수치 못한다

긴긴 시간
헤어지기 싫었던 화려한 외출

더불어 산책했던 시간은
오늘도 쏜살같다

그 짙은 향기
깊이 들이마신다

화려했던 외출의 시간

자연과 그대의 모습
저만치 아롱거린다

바다가 보이는 언덕

햇살 밝은 오후에
바다가 보이는 언덕길 걷는다

초롱초롱 맑은 눈동자로
먼 바다 바라본다

출렁거리는 동해바다를
마음에 느끼며 그리워한다

찌들린 도시 생활에서
잠시 머리 식히며
마음의 바다에서 현실의 바다
바라보는 마음의 창입니다

숲 속, 산새들이 지저귀는
언덕길 걸으며
삶의 의미 찾아 걷는다

가을의 하늘과 마음의 안식,
저 푸르고 맑은 동해바다
아낙네의 부드러운 젖가슴과 같이
온갖 세파에 시달린
세상살이 나그네들입니다

꿈꾸는 미래의 허상같이
새로운 삶 추구하면서
살아가는 우리들 되리라

회복

우리는 믿는 자로서 올바른
신앙생활을 하고 있는가
주님과의 첫사랑이 변화되고 있는가

삶의 한가운데 회복되어야 할
일들이 많이 있다
나는 예수 잘 믿고 있는 것일까

한강의 오리 떼가 모여서
물결 헤치고 먼 곳으로 이동한다
그들은 자기들의 역할 다하는 것인가

하나님과의 관계도 회복되어야 한다
오로지 회개하는 길
새롭게 변화되는 길

성령 충만한 삶
변화되고 개혁되는
인간의 본래대로 가는 길

광야에 외치는 소리

주님의 지상 명령에
소명 받은 자
광야를 외쳐라

미전도 종족을 사모하는 뜨거운 갈망이여
이웃을 사랑하는 모습들이여
이웃에게 사랑 전하는 전령사들이여

선교의 열정으로
죽음 이기고 사탄과의 싸움에
승리하는 주님의 용사들이여

일어나 외쳐라
삶은 영원하여라

너에게

적막하고 공허한 심연에
그리움은 더 가까이

리듬 속에 물결치는 가슴
폭포수 되어 넘쳐 내리고

너를 향한 차오르는 마음
은하수 되어 흘러간다

진실된 대화로 헤아려 보면 더욱
아름답고 탐스런 한 송이의 꽃
늘 기대되고 빈틈없는 인정은
심장을 차지한 깊은 향기

너에게 달려가는 그리움은 강물이 되고
이내, 푸른 파도 넘실대는 바다가 된다

오랜 세월 변치 않을 끈끈한 인간애
그러나 다 소유할 수 없는 사랑의 공기

내 안에 간직하고픈 안식처로
참 만남의 관계 속에 늘 잊지 않는 우정이여!

신비의 섬 독도

흐르는 시냇물처럼
언제나 따뜻한 마음 한줄기 고요하게
가슴으로 느끼는 독도입니다

매일매일 만나지 않아도
가까이 있든 멀리 있든
고요히 흐르는 강물처럼

잔잔한 그리움으로 밀려오는
진실된 마음으로
그리워지는 독도입니다

언제나 그 자리에
늘 그 모습 그대로 오염되지 않는
맑디맑은 샘물처럼

바다 가운데 우뚝 선 모습입니다
우리 민족의 마음, 솔솔 애국심이

솟아나는 맑은 영혼의 독도입니다

다른 언어도 필요치 않으며
지금 어떤 상황이든, 어떤 위치에 와 있든
가슴으로 느끼는 독도입니다

대자연의 위대함, 캐나다

캐나다는 러시아에 이어
세계에서 두 번째로 큰 나라
경이로운 자연으로 채워져 있다

현실감이 느껴지지 않는
대자연의 풍경은
이 나라를 비교 불가의 특별한 곳으로 만든다

비판자의 여행자도 이 나라에서는 쉽게
다른 어떤 나라를 떠올리지 못하며
캐나다를 품은 대자연의 위대함 때문이다

사계절이 다 좋다

봄은
따뜻한, 꽃이 피어 좋고

여름은 녹음,
무더위로 짜증 날 때도
여름이 더워야 가을에 풍성한 결실을
맺는다 생각을 바꾸면 짜증이 한결 가신다

가을은 단풍

겨울은 나목의 힘찬 모습 보는 것만으로도 좋다
추워야 해충이 죽고 시장 경제가 돌아간다
난로를 비롯해 두터운 점퍼 등
겨울 상품이 불티나게 팔릴 수 있다

이렇게 생각하면
사계절의 절묘한 변화에 마냥 취할 수 있다

산막이 옛길

백두대간에서 한남금북정맥이 갈라져
남한강의 달천과 금강의 보광천이 흐르는
한반도의 정중앙 괴산군

흔적처럼 남아 있는 옛길에 덧그림 그리듯
그대로 복원된 산책로 옛길이 있었기에 그 곁을
농촌마을 개발사업으로
십리 옛길, 이십리 등산로로 복원했다

하늘과 땅, 산과 강과 바람, 바위와 소나무
산새와 들꽃이 조화를 이루는 산막이 옛길 9경

제1경 환벽정, 제2경 망세루, 제3경 병풍루
제4경 삼신바위, 제5경 연하협구름다리
제6경 각시와신랑길, 제7경 각시바위, 신랑바위
제8경 원앙섬, 제9경 선상유람길

옛길 따라 펼쳐지는 산과 숲이 어우러지는

사계절이 아름다움은 괴산의 백미
자연생태계 보고임을 알리는 계기

오는 길에는 선상유람선에서
자연미를 그대로 보여 주며
전국민의 휴식 공간으로 제공한다

선유도

바다의 섬, 자연의 신비함
희망을 안기는 가고픈 선유도

거품 이는 푸른 바다
우리들에게 친근감을 준다

바다를 메우고 길을 닦고
사람들이 왕래하기 쉬운 곳

한국문인산우회는
산과 바다가 보이고
강과 들이 어우러져 있는 삶 속에서

회원 모두가 나라사랑, 문학사랑
건강을 지키는 모임

힐링 건강 웃음으로
시 낭송, 노래, 대화로 문학 기행

문인 서로 아끼고 사랑하며
협력하고 공조하는 관계로 발전시켜

문학 교류를 통한
창작 활동의 활성화와 자기 개발에 힘써

흘러가는 세월 속에 간직하고픈
꿈을 이루는 먼 날의 추억들

인왕산 등산로(仁王山登山路)

서대문구 홍제동 인왕산
현대아파트 뒷산으로 산책
공기 좋고 날씨도 상쾌하다
즐겁게 걸으면 나이 들어도 뇌가 늙지 않고
매일 걷기를 실천하는 사람은 늘 젊게 살 수 있다

뇌를 싱싱하게 몸은 건강하게 걷는 습관이
뇌를 젊게 한다고 뇌 과학자는 말한다
아인슈타인은 걸으면서 상대성 원리를
생각해 냈다고 한다

인왕산(仁王山)은
서대문구와 종로구 사이에 있는 산이다
전체가 화강암으로 이루어져 있으며
높이는 338m이다

선바위, 부처바위, 매바위 등의 다양한
기암괴석이 위용을 자랑하고

산등성이를 두른 성곽이 옛 정취를
풍기는 명산

예로부터 화가들이 인왕산의 아름다운 경치를
화폭에 담아 왔으며
그중 진경산수화의 대가인 겸재 정선,
인왕제색도(국보 제216호)가 유명하다

세빛섬

가빛섬, 채빛섬, 솔빛섬, 예빛섬
이름도 많다

나는 한 개의 이름으로도
살기 벅찬데

달빛무지개로
한강을 끌어 모으는 너는
얼마나 여유로운가

멀리서 달빛에 끌려온 사람들
북적이는데

나는 아파트 거실에 앉아
눈동자 안에 유람선을 띄우고
너울대고 있으니

내 몸에서도
무지갯빛 환하다

제 2 부

우 정

소나무 사이로 불빛
여행길이 보인다

나무같이
변함없는 그녀

꿋꿋하게 자라온 나무

싱그러움이 코끝 스치며
새벽 공기에 상큼함 느끼며
하루를 열었다

시간의 긴 여정 한가운데
외롭게 서 있는 한 그루 나무
비바람 치는 역경 속에서도
꿋꿋하게 자라온 나무

언제나 희망의 꿈 그리며
행복한 날 추구하는 우리네 삶
열매 맺는 날을 기다렸다

아들아!
나의 기쁨, 나의 사랑인 아들
가족의 공동체가 웃음꽃이다
너로 인해 평화와 사랑의 의술로

세상을 품에 안아 이웃에게
믿음, 희망, 사랑으로
인정을 베푸는
아들이 되어 다오
아들아!

정동진

파도가 넘실거리며
해님은 방긋 웃는다

먼 산에
눈꽃이 화려하다

겨울 바다를 그리워하며
정동진의 해돋이를 보려는 무리들

창조주의 오묘한 진리에
순응하는 우리들

꽃과 같이 그려 내는 눈

새해
새 희망을 주는 해돋이

간절히 소원한다

안산 자락길

찬란히 떠오르는 아침 햇살에
활짝 핀 아카시아 꽃
더욱 빛이 난다

구름 헤치며 솟아오른 붉은 태양
코로나19 바이러스 감염으로
온통 긴장감 속에 사로잡혀 가는 우리들

언제나 새롭고 한결같은 사람 만나
배려와 감사가 가득한 여운의 향기 지닌 채
자신의 삶 가꾸었으면 좋겠다

서대문구에 있는 안산은 말의 안장과 닮았다 하여
안산(鞍山)의 다른 이름으로는 무악(毋岳)
사계절 오감으로 느낄 수 있는 다양한 숲이

많은 사람들의 사랑을 받고
누구나 산림욕을 즐기며
산책할 수 있도록 조성한 자락길

이주민 선교

이 세상은 아름답게 창조되었다
각 나라마다 크신 섭리로
문화의 터전 위에 일한다

이주민들이여!
주님의 제자로 훈련 받아서
그 나라의 선한 청지기로

사랑 받는 그대들이여
그리스도의 사랑 전하는
세상의 믿지 않는 자들 위해 외쳐라

외치는 자들이여!
태어난 나라는 달라도
주님의 자녀들이다

언어는 달라도 전하는 말씀은
늘 함께하는 주님의 사랑이시다

꿈을 가지고 삶을 영위하라

늘 존재하는 자의 귀한 사역
기쁨으로 전하고
진리는 영원하리라

코로나19

지구촌이 온통 난리다
코로나바이러스가 인간들의 마음, 질병, 건강

근심, 걱정, 불안은 정상적 감정이라고 생각하기
어쩌다 이렇게 세계가 돌아가고 있나

죄 때문인가
하나님의 재앙인가?

봄은 왔는데
맞이하지 못하는 현실

누구를 탓하랴
바이러스로 빼앗긴 봄은 다시 오는가

전 세계적으로 위기감이 감돌고 있다
가족, 친구, 동료와 소통을 지속하기

규칙적인 생활하기
아프고 취약한 사람에게 관심 갖기

나의 감정과 몸의 반응 살피기
가치 있고 긍정적인 활동을 유지하기

새로운 세상을 꿈꾸어야 한다
어서 새날을 준비하자구나

편백나무숲
—성주산 자연휴양림

편백나무숲의 고마움
우리는 자연의 동산에
가슴 맡기며 즐긴다

그리움, 기다림
옛일 생각하며
친구들과 대화 나눈다

세상의 모든 사물들
가슴속 나무들과 속삭이며
시간 여행을 한다

자연과의 만남
시간 가는 줄 모르고
누워서 명상한다

가족 이웃들과 나누고
꿈, 남은 생 보람 있고 즐겁게
편백나무숲은 우리를 배반하지 않는다

울릉도 둘레길

봄날 같은 기후
해변으로 보는 바다

한 발자국씩 걸어가는
마음속 깊은 행복

굴곡, 터널, 층층대로 만든 걷는 길(둘레길)
낚시꾼들, 멀리 바라보는 죽도

전망대에서 보는
울릉도 바다

시원함, 감격, 기쁨, 행복으로
느껴지는 걷기였다

충청도 양반길

산막이 옛길이 끝나는 지점부터
새로 개장한 충청도 양반길이 이어진다
흙길을 고스란히 보존해 걷는 맛을 북돋운다

천혜의 자연환경과 어우러져 걷다 보면
저절로 힐링이 되는 기분에 사로잡힌다
태곳적 신비를 그대로 간직하고 있다

충청도 양반길은
용추폭포, 갈천정(갈은제2곡), 연하협구름다리,
신랑바위(사모바위), 운교리습지, 용추폭포연리목,
십자가상, 화양구곡길, 각시바위, 양반길 다락논,
높은 산과 맑은 물이 함께하는 경관이 뛰어나다

아름드리 자연 송림이 울창하고
다양한 수목과 야생화가 어우러져
사계절 수많은 방문객의 사랑을 받고 있다

한 여인의 눈물

폴란드 납치 집단학살 장소
비극적인 역사의 현장
나치에 의한 유태인 대학살 수용소
제1강제수용소 수튜트호프(아우슈비츠)

그대는 그 모습을 볼 수 있는가
인간의 살인한 모습들
한 젊은 아가씨는
앉아서 눈물을 흘리고 있다

이토록 권력 전쟁을 위해서
잔인한 폭력으로
영토를 빼앗기 위해 행동했을까
신(神)은 존재하는가

그자들은 이토록 비참하고
가혹한 만행을 일삼았을까
비참하도다 억울하도다

폴란드 오시비엥침
제2수용소 비르케나우(브제진카의 독일식 이름 아우슈비츠)

2차 세계대전 당시
150만 명의 생명이 희생된
생생한 역사의 흔적을 간직한
유네스코 세계문화유산지정 수용소

비극적인 역사
왜 인간은 폭력적이고 잔인한가
관람 후 우울증에 빠지는 사람도 있다
의미 있는 여행……

한라산 숲 향기

숲은 자연의 신비로움 알게 해 주고
자연의 아름다움 느끼게 해 준다
단풍 색깔 대하노라면 창조주의 위대하신
솜씨를 실감나게 한다

우울증 치료하는 데나 무력감 회복하는 데는
숲이 최고의 의사가 된다
숲은 건강을 지켜 주는 보약이자
영혼을 풍성하게 도와주는 보금자리이다

우리나라 숲들 중에 한라산 숲이야말로
명품 중 명품이다
제주도 올레길 걷기와 한라산 숲 체험이
최고의 관광이요 최상의 견학이다

사람들은 왜 숲을 그리워하고
숲에서 안식을 누리고
숲을 고향처럼 여기게 될까요

인류는 옛날 옛적부터 숲에 둥우리 틀고
먹을거리 찾고 의지하고 살아왔기 때문이다

제주도 올레길은 천혜의 조건을 갖춘 최고의 조건
한편에는 푸른 바다, 다른 편에는 한라산 숲이 있다
산 아래 능선에는 귤빛이 이어진다
한라산 숲에서 숲 향기에 취한다

우정

살다가
말없이 떠나는
짧은 여행

창가에 기대어
사랑 노래 들으며
기다린다

다정한 그녀
미소 짓는 그녀

소나무 사이로 불빛
여행길이 보인다

나무같이
변함없는 그녀

향기

따스한 봄날의 햇살
여기저기 꽃이 핀다

또 하루에 하루가 가는
변함없는 일상
그저 하루를 즐기려고
나는 걷고 또 걷는다

하늘 구름 바람
오늘도 변함없이
바라보고 바라보며

이웃들의 아픔을 느끼는
향기 있는 사람으로 살고 싶어
꽃의 향기 갈무리한다

백운호수

산새들 지저귀고
앞산에 아지랑이 아롱거리고

호수가 보이는 카페에선
사람들이 리듬에 맞추어 고개 까닥이고

너와 나의 만남은 별처럼 아름다운
사랑이 되고

산들바람 살랑이고
시간은 돌아오지 않고

봄의 향기가 내 가슴 울려 퍼질 때
아롱지는 꽃들이 피어지고

펄럭거리는 봄 처녀의 머리카락같이
내 마음은 마구 흔들리고

너를 간직하리라는 생각이
밀물처럼 밀려온다

구룡폭포

흰 거품 이는 폭포수
평화의 여신으로 흐르는
금강산 구룡폭포

북한의 3대 으뜸 가는 폭포
경치가 뛰어나고 잘 어울려
세계적으로도 유명한 곳

너와 나와의 만남
조건 없이 대화하는
모습들이 그리워

청결된 마음가짐
끊임없이
내려오는 그대

통일의 그날까지
한마음 한뜻으로
쉼 없이 평화를 외쳐라

사랑의 전령사

흙의 노래
새의 노래
나무의 노래

나그네의 자연 교향곡에
발걸음도 흥겹다

나무 사이로 비치는 태양의 눈부심이
보이지 않는 공기 속에
깊이 파고들어

흙이 되고
새가 되고
나무가 되고

한 점 흙으로 돌아가는
겸허한 순리 따라
남은 생명은
푸른 사랑의 전령사가 되리라

문경새재

절묘한 산책길 따라
왕건의 촬영장이 들어섰다

언제 보아도 빼어난 경치
볼 때마다 매료되고 만다

새 변화 새 물결이
아무리 몰려와도
원형 그대로 아름다운 곳

외치고 불러보아도
돌아오지 않는 세월 앞에서

장대한 장광을 펼치는
관광의 요람 문경새재

제 3 부

그들에게 오월의 기쁨이

늘 마음에 피어 있는
사랑의 꽃
자연의 섭리 앞에 기쁨 나누고
오월을 노래한다

생태학적인 사고

자연을 보는 열린 마음
종의 기원은
세월에 모여 있다

생태계의 존재
그 의미는 무엇일까

자연을 보호하는
생태계 학자들의 자연 주민등록증
아름다운 자연

대화하는 등산객들
기쁘게 즐기는 모습이 자연스럽다

생태계 적응 잘하는 관계형성
인간들에게 혜택 주려는 모습

산소를 많이 주겠다고
하소연하는 모습들
좋은 것끼린 좋은 것이어라

그들에게 오월의 기쁨이

화려한 빛깔들
마음에 생기를 주는 꽃
신부처럼 단장한 꽃들의 율동
봄바람에 기쁨 실어 나른다

모두들 봄의 옷 입고
꽃의 웃음 앞에서
존재를 확인하고
오월의 모습으로 길을 나선다

늘, 마음에 피어 있는
사랑의 꽃
자연의 섭리 앞에 기쁨 나누고
오월을 같이 한다

소귀천 계곡

흰옷 입은 폭포수
시원한 콧노래

유혹하는 물소리
정복되는 마음

소귀천 계곡은
오케스트라 지휘자 되어
발길을 멈추게 하고

황홀경에 잠겨
물굽이 따라
마음도 흘러간다

용소폭포

동해바다 바라보며
느끼는 삶의 여유
웰빙 휴양을 원하는 사람들에게
최적의 휴식처

수평선 넘어가며 홍빛 바다
노을로 출렁이듯
서서히 어둠 속으로 자취를 감추던 붉은 태양
물들이며 찬란하게 떠올랐다

합동 전국 장로 부부수련회
오색약수, 그린야드호텔
홀리장로 합창단, 개회, 저녁예배 찬양으로
하나님께 영광 돌렸다

권재호 목사의 특강
성령 충만, 은혜 충만
은사 충만한 시간

워크숍, 성악가의 특별 찬양,

아침에는 용소폭포
자연, 금강문, 오색약수의 편한 길
산새들의 지저귐, 웅장한 바위, 물소리
마음껏 느끼는 산행

우울하면 기차를 타라

먼 산의 눈꽃들이
내 마음에 아롱거리며

태양의 신비한 모습에
감동하는 사람, 사람들

새해를 어떻게 보낼까

슬픔과 기쁨
눈물과 웃음

오늘의 고통
내일의 기쁨

우울하면 기차를 타라

황산(黃山)의 4계절

늦게 핀 꽃이 향기롭고 뒤늦게 찾아온 봄이
유달리 아름다운 황산의 봄
제일 빛을 먼저 받는 경물은 색상이 포화되어
소나무, 돌, 봉우리, 바다에 이르기까지
겹겹이 짙게 물든다
두견화, 영산홍도 활짝 당신에게 웃음을 안겨 준다

봄빛의 완연한 황산의 한여름
땡볕의 무더위에 지치고 있을 때
황산의 봄은 외려 봄빛에 익는다
온 산은 녹색으로 설레고
선녀와 같은 꽃들이 만발하여
사처에서 봄소식을 알린다

황산의 높은 지대는 내내 여름을 모른다
소나기가 지나가면 천산만학에
운무에 열기가 오르고
푸른 하늘 하얀 구름이 성대하다

가을빛이 도도한 황산
일찍 찾아오나 짧다

산하평원이 한창 더위에 허덕일 때
산 위는 이미 썰렁한 가을
붉게 물드는 산화는 달리 천봉만학
점점의 단풍으로 서로가 산뜻
깊은 가을은 황산의 운해가 제일 많은 계절
황산의 심추는 황산의 일출을 촬영하는 최적 시기

소복단장 유난히 아리따운 황산
겨울은 일찍 오며 길다
서설이 날리는 겨울이면 높은 곳은 은빛 단장이고
낮은 곳은 온 산이 햇솜 뭉치 같은 모습
몇 그루의 새양나무가 풍설에 끄떡없이
청신한 향기를 뿌린다

눈 내린 뒤 갠 날에는
온 산이 소복단장이고
무송(霧淞)과 무석(霧石)과 무초(霧草)
모두가 찬란한 혜택을 받는다

–신반포교회 등산동호회 제100회 등반기념(중국 황산 일주 및 주위 해외문화체험, 2016년 10월 19일~22일)

숲 속의 산책

울창한 숲 속으로
내 몸 던져

새소리 들으며
여명의 아침을 걷는다

고요한 마음의 안식처

앞산의 흰 눈
봄은 정녕코 아닐진데

차가운 공간
추억이 살아난다

새벽을 알리는
닭의 외침

어릴 적 일이
문득문득 따라나선다

약수 마시며
그날의 맛을 음미해 본다

뛰노는 토끼 꿩
그땐
참 빠르기도 했지
신기하기도 했지

내 마음은 호수

천년의 숲
유혹하는 그대
천혜의 자연 경관에 푸른 바람 되어

울창한 숲 속
속삭이는 산새들은
내 마음의 호수

솔밭향기 그윽한
오대산 기슭
삶의 기쁨으로

자유로운 이야기
편안한 만남
젊음이 되살아나는 곳

숲 속의 우리 야생화
반겨 주는 그대

그대와의 만남으로
사랑의 교향곡 되리라

성령의 눈물

성령이 내게 말씀 가운데
임하소서

이웃의 사랑, 섬김의 역사
성령의 뜨거운 눈물이
흐르게 하소서

추수의 가을
말씀으로 기도로
심게 하소서

살아 계신 님의 역사가
임하게 하소서

님 앞에 심은 대로
거두게 하소서

성령의 뜨거운
눈물나게 하소서

성령, 기도로 심는
결실의 계절 되게 하소서

선교사

찬양으로 주님을 높입니다
긴 터널을 지나서
선교사로 파송된 그대들이여
한 사랑으로 주님께 간구하는 마음 변치 않으리

파송 예배를 통한
격려의 기도
눈물로 간구하는 모습들이
아름답다

몽골, 체첸 민족을 향한 증인 되리라
박수와 아우성
전쟁터에 보내는 선교사들
승리하는 자 되리라

눈물 그치고 승전가를 부르리
주님을 향한 애틋한 사랑이
선교지로 파송되는 시간

그대들의 앞길에 하나님의 은혜와
축복이 함께 할지어다

건강한 선교사의 역할을 감당하며
뜻과 길이 열리는
그대 민족 되리라

오늘의 이 믿음이 변치 않고
선교지에서도 늘 기도하고 묵상하는
선교사들이 되기를 간구하노라

실크로드 예수 행진 2000 카자흐스탄

장하고 웅장한 집회
사탄과 싸우는 영적 전쟁
선교사들의 기도의 결실이었으리라

주님 어서 오시옵소서
이 영적으로 허물어진 카자흐스탄
영적 회복을 이루어 주소서

많은 고난과 사탄의 모략들을
그리스도의 강한 군사로
물리치게 하소서

오늘도 눈물로 기도합니다
한국의 그리스도인들이 실크로드를 회복하게 하소서
용기 주시옵소서 부흥하게 하옵소서

거룩한 영이 승리하시어
주님의 축복이 이 땅에 내리소서

그날

먼동이 튼다
그날을 그리며 흐르는 강물같이
선교지를 향한 그날

영혼을 사랑하는 눈물이 흐른다
그날 그때를 기다리는 그곳
우리 모두 좋은 소식 전하리

아름다운 그날
오늘도 내일도 떠나리
영혼 구원의 승전가를 부르는
그날이 오리라

부활의 산소망 가지고
승리하는 자
그날이 되리라

사람을 낚는 어부

인도 선교지를 향하여

청명한 날씨
인도를 향해 달리는 비행기
구름과 구름 사이로

노래에 귀 기울이며
아름다운 대자연이 그리워지는 계절
망망한 대지를 향해 달리는 공중의 용사

신반포 교회 인도 단기 선교팀은
인도를 사랑하리
주님이 가신 그 길을

사랑의 빚진 자
구원받은 자
세월이 다 가기 전에 그대를 품으리

구름 사이로 달리는 비행기
어서 선교지에 도착해
선교팀의 역할과
증인된 삶 실천하리라.

갠지스강

시원한 바람이 분다
퉁퉁 소리 내는 선상에서
미전도 종족의 복음전파를 위해

성령이 임하소서 그들에게 복음의
씨앗이 내리소서
흘러가는 갠지스 강 따라가듯 이들
심령에도 임하소서

저녁 노을의 그림자처럼
외치는 목사님의 말씀에 귀 기울여
복음이 전해지게 하소서

소금과 빛이 되어 주님을 따르는
제자들 되게 하옵소서
섬김을 실천하는 자들이 되게 하소서

제 4 부

아름다운 그대

낙엽 지는 오솔길에서는
소리 없는 그리움
발자국으로 남기며……

선교여행

가난과 전쟁과 기근
그러나
그곳은 하나님께서
택하신 아름다운 땅

성령의 은총으로
주님의 축복 가운데
맛보는 선교 여행

지금도 흑암에 매인
우리의 형제들

구원해 주소서
새 생명 주소서

교회마다 선교의 영을 주시어
복음의 빛을 갚게 하시고
주님의 말씀에

귀 기울이며

사마리아 땅 끝까지
증인의 삶
살게 하소서

모든
열방이 구원 얻을 때까지

목련

창밖에 우아한 목련화
내 마음에 먼저 피어나는
화사한 그 모습

찌들은 인생살이 목련화로
가슴을 달랜다

고고한 숨결
정결한 자태
잎보다 먼저 봄으로 피어나는
하얀 여인

활짝 핀 모습보다
봉오리의 수줍음이 더 고운
내 마음의 꽃
마음에 새봄을
피우는 꽃

욕망의 늪

출렁거리는
욕망의 늪으로
태양의 빛과 바다의 아름다움

육체의 늪에서
흔들리는 물결과 같은 세상

욕구의 충족은 끝이 없으며
우주의 마음으로 간직하고픈 욕구

아롱거리는 먼 바다
물결과 같이 흔들리는 욕망

종소리를 들으며
채우지 못한 욕구를 갈망하며
시야는 어지럽게
욕망의 늪으로
발길을 옮긴다

남강(南岡) 기념관

우뚝 서 있는 기념관
멀리 볼 수 있는 전망대

한강이 흐르는 모습 속에
전통 있는 역사의 교육장

창조주 앞에 머리 숙여
기도하는 모습들

멀리 바라보는 관악산
험한 산 오르는 등산객들

세월과 함께한 독립투사들
존재해 있는 남강 기념관

새 시대 향한 우리들의 마음
남강과 더불어 사는 삶

흐름 속에 민족의 앞날을 바라보는 곳
五山의 역사와 함께 길이 빛나리

참 좋은 생각

아름다운 동산, 그리워하는 계절
분수가 나부끼는 정원에 앉아
좋은 생각해 봅니다

음악 소리에 귀 기울이며
순황토랑 카페에서 커피 마신다

떠들썩하는 젊은이들의 대화소리
그들은 무슨 의미로 살아갈까

먼 산 우뚝 솟은 바위와 울창한 숲들
새들의 모습이 아름답다

청춘을 그리며 출렁거리는 먼 바다를 보듯
넓은 마음과 좋은 생각

아름다운 추억 뇌까리며 다시 생을 시작하자
늘 깊고 참 좋은 생각을 하자

청춘은 다시 오지 않는 법
그리워하며 참 좋은 생각하며 살자

바다의 향기

당신이 그린 푸르른 그림
나를 향한 정결
향기로 소리로 모습으로

물새 소리
파도 소리
노래로 오는 소리 소리

우리들의 넋
파도로 떠나는 수평선

그대를 향한 마음
끝없는 사랑이여

설악산

꿈길에도 달려가는 산
가고픈 마음

초록빛 향기 맛보며
안기고 싶은 산

흐르는 계곡의 물
우뚝 솟은 절벽의
바위와 나무들

계절마다 다른 얼굴로
가슴을 채워 주는
내 마음의 산

그대 함께하면
푸른 미래로 다가오는
산!

명예퇴임

정든 동료들이
삶의 터전 떠난다

그리워하며 다정했던 옛 추억들
정든 터들이 멀어져 간다

흘러간 인생길
이젠 변화의 길 가야 하나

또 다른 삶의 터전으로
새 출발 해야 하나

인간의 만남과 헤어짐이
이렇게 허망한 것을

선배들의 발자취
새롭게 들출 것 없다

다시 돌아설 것도 없다

우리 또한
그렇게 가야 하는 길인 걸

봄의 향기

꽃 향기가 가득한 계절
나무들도 꽃피어 향기를
알리고 있습니다

새싹이 솟는 봄날
온 땅에 새로운 변화가 일듯이
우리의 심령에도
복음의 꽃이 활짝 피어나고 있습니다

꽃이 피어나는 계절
고난도
즐거움도
상처 있는 봄의 향기에
잊혀지는 날이 되었습니다

소망이 없는 자의
탄식이 아니라
자신의 고통 아뢰는 소원이

향긋한 자연의 향기에

봄날의 그리움도
꽃이 가득하게 피어남처럼
님의 은혜가 복음의 꽃으로
온 땅에 가득하기를

바다

거품이 이는 대천 바다
모래사장

젊은이들이
폭죽을 터트리며
즐거워하는 모습

밤하늘 초승달이
구름에 가려 은은히
비춰 주는 달빛이
마음이 산뜻

신선한 공기와 대화하는
모습 속에 풍성한
인격이 살찌리라

소나무 숲이 우거진 해변가
내일 향한 우리의 안식처

우리의 소망이 깃드는 곳
출렁이는 파도 소리와
바다의 향취에 온몸이 찌릿

즐거운 만남과 추억 남기며
시간은 흘러가리

아름다운 그대

흘러가는 한강을 바라보듯
끊임없이 다가오는 그 모습

보고 또 보아도 보고 싶고
늘 함께 있고 싶어지는
그런 그대

언제 어디서
약속도 없이
새롭게 마주칠
순간을 생각하면
청명한 날씨처럼
내 마음은 출렁이는 기쁨

낙엽 지는 오솔길에서는
소리 없는 그리움
발자국으로 남기며……

석모도에서

내 마음은 갈매기 되어
모래밭을 걷는다
첫 사랑의 그리움 되새기며

파도 소리
바람 소리
새소리
멀리 바라보이는
여객선의 느린 풍경이
가슴에도
노를 젓는다

석모도
넓은 너의 마음
젊은이들의 속삭이는 대화 속에
오늘도 사랑의 날로
노을 속에
기억되리라

수옥정

흘러내리는 폭포수
아낙네들이 아우성

자연의 신비함에 찬사 보내는 이들
높은 바위에서 흐르는 폭포수
어린 추억을 되새기는 곳

굽이굽이 흘러내리는
물의 귀중함
오염된 물보다
신선한 계곡의 물

봄날이 녹듯 흐르는
자연수 앞에
내 마음의 죄악된 마음을
씻어 버리리

문경새재의 맑은 물
수놓은 자연수 앞에
우리의 마음이
새로워지리라

아! 대~한민국

태극의 전사들이여
그대들은 자랑스럽다

4천700만 대~한민국 오! 필승코리아
뜨거운 함성이 터져 나온다

피와 땀이 함축된 그대들
오늘의 영광 맛보았다

강인한 정신력과 힘으로
잘 조화된 조직이 성공하였으리라

이겼다 "대~한민국"
함성과 붉은 물결이 세계인의
가슴속에 뚜렷이 새겨진 날

온 국민의 성원과 단결된 힘으로
이루어진 2002년 한·일 월드컵 4강 신화

전국은 밤새 감격의 환호에 묻힌
거대한 축제의 장

위대한 코리아의 저력

미래를 향한 우리 민족이 세계 만방에
빛나는 나라 되리라

태극의 전사들이여 장하도다
히딩크 총감독과 조언자 모두들
이 즐거움을 맛보게 해 주는 그대들

영영 잊지 못할 환희와 감동, 기쁨의 눈물
아! 대~한민국의 승리
히딩크 최고감독, 태극 전사들
온 국민 모두 한국 축구 파이팅!

한 해를 보내며

아름다운 그대여
한 해를 보내며 그대를 사랑하게 하소서

한 해를 돌아보면서
광야에 꽃이 피게 하소서

동문회의 향기가
이 땅 가운데 스며들며
선한 사마리아인들의 삶처럼
받는 삶보다 베푸는 삶이 되게 하소서

그리스도의 가르침에 따라서
내 이웃의 아픔을
우리들의 사랑으로 감싸게 하소서

참 많은 만남 속에
동문회의 향기가 나며
감사하는 마음과

새 일을 행하게 하소서
생의 의무와 책임을
다하는 우리 되게 하소서

그때 그 시절

철 없는 시절
냇물에서 멱감고 다슬기 잡고
물장구치던 그때

옛날이 되어 버린
아련한 그림들인데

등이 굽어버린 물고기
심장을 검게 물들이는 오폐수

신음하는 지구
귀를 막고 서 있는
사람 사람들

지구를 떠나기 전
심호흡 속에
모두 소임을 생각하며
그 옛날의 맑은 물에
마음을 비춰 보리라

제 5 부

창밖으로 보는 세상

그 많던 세월
기쁨과 슬픔이 교차되던 많은 시간
찬란한 그림자로 오는
희망을 본다

해돋이

꿈길 따라
눈길 따라 천 리 길

밤기차를 타고
정동진의 해돋이
긴긴밤 지새우며 꿈을 품었지요

보는 태양보다 느끼는 해돋이
앞산과 뒷산들의 꽃눈의 광경

바람과 함께 숲 속을 달리며
먼 산의 흰옷 입은
천사들을 보았지요

Sunrise

A long, long journey
on a snowy road in a dreamy state.

I took the night train
to see sunrise in Jeongdongjin.
Spending a long night, I had a dream.

Seeing the scenery of snowy mountains and hills,
I dreamed of feeling the sunrise, instead of seeing the sun.

Running through the forest along with the wind,
I found white-clad angels
from the distant mountains.

초록빛 향기 숲을 걷다

동녘하늘에 송송 피어오르는 구름 사이로
불끈 솟아오른 저 태양은 누구의 얼굴일까요
초록빛 향기 맡으며 숲을 걷고 있다

화사하게 밝아온 상큼한 날을 맞이했고
매일 되풀이되는 일상을 한편에 곱게 접어 두고
오월의 풋풋한 향기와 바람이 씻기는

살내음처럼 코끝을 스치고
고즈넉한 산길엔 종다리와 뻐꾹새
울음으로 오월을 노래하니

떡갈나무 소올솔 피어오르고 너울지는
야생화는 각양각색으로 아름다운데
어디선가 들려오는 풍경 소리에

눈도 코도 입 귀도 마냥 흐뭇해지는
한적한 산길을 걸었습니다
노년의 멋은 외모에서 풍기는 것보다

정신적인 면에서 함께 조화 이룰 때
더욱 아름답고 누구에게든 먼저 따뜻한
손길을 내밀 때 더욱 아름답지 않을까

Walking in A Fragrant Green Grove

That sun, soaring with dyeing red between clouds
In the eastern sky, whose face is it?
I take a stroll in the woods smelling green plants in May.

I met the brightening day drawn near up,
With putting off the routine life on one side,
Mixing together in fragrance and wind in May,

The wind grazes end of a nose like a fleshy smell
A cuckoo and a skylark in the lonely lane
Sing May in crying,

An oak tree grows softly and the waving field flowers
Are beautiful in various colors,
Together within hearing a wind-bell anywhere,

I walked the lonely lane
That always made eyes, nose, mouth and ears
satisfied,
The grace of old age do not spread from his outward
appearance,

In the spiritual aspect, when being in harmony with
together,
It is more beautiful, when stretching out his warm
hands
To anyone ahead, I think, it is more beautiful.

영혼을 적시는 단비
–세계시문학회 라오스 해외 문학 연수

자연풍광은 아름답고
인간미가 어우러진 낭만적인 나라
관광객을 대하는 모습이 순수하고
아름답다

해외 문학기행 연수팀
라오스 동독 국립대학 한국어학과를 방문
'한글이야말로 모든 언어가 꿈꾸는 최고의 알파벳'
영국의 언어학자 존 맨은 격찬했다

예술은 인간의 메마른 영혼을 적시는 단비요
문학(시)은 예술의 꽃
문자 한글로 작품을 창작하는 문학인들이야말로
통일은 물론 한글 세계화의 역사적 소명자들이다

세계로 미래로
세계를 향한 문학회의 모습
기쁜 마음으로 문화 체험

라오스 여행을 즐기고
아름다운 추억으로
마음속에 갈무리하였다

A Soft Rain Permeated into Soul

- The Overseas Research Study of the World Poetry in Laos

The natural scenery in Laos is beautiful,
A romantic country is in harmony with their humanity,
And their attitudes greeting us with a warm welcome
Are very pure and lovely.

Our team members visited Dept. of the Korean Langage
at the national university of DongDok in Laos.
Here at the university the English Linguist, John Man
praised highly,
'The Korean language has the highest alphabet all
nations are dreaming of'.

Art is a refreshing rain drenching our dry souls,
And literature(poetry) is the flower of the arts.
So the poets creating poetical works in Korean
language
Are all missioners of the Hangeul globalization and the
Korean unification, the same thing.

For the world, for the future,
With imaginable hearts for the globalization
We all learned by actual experience in the imaginary atmosphere.

We all enjoyed Laos travelling,
And put the finishing touches in our mind,
With a colorful retrospection.

우리의 땅 독도

가슴이 담아져 있는 곳
사랑하는 마음에 담아
걱정해 주는 독도입니다

따뜻한 말로 얼어붙은 가슴을 녹이고
늘 바라보는 그 눈빛이
애환을 달래 주는 독도입니다

멀리 있어도 마음으로 의지하고
그리워하는 것만으로도
우리의 동반자 우리의 친구인 독도입니다

너가 존재하는 한 같이 아파하고
함께 웃을 수 있는 나라를 지켜 주는
지란지교 같은 독도입니다

출렁이는 바다, 우뚝 솟은 자연의 우아함
마음 든든한 겨레의 파수꾼
대한민국의 자랑이며 희망을 주는 독도입니다

신비의 섬,
겨레의 기쁨이고 보배입니다
아! 자랑스러운 독도

Dokdo Ile, Our Land

The place where our minds are put in
Together with our love and concerns,
Is called Dokdo Ile.

Dokdo Ile melts our frozen bosom in the warm words,
And soothes our joys and sorrows with casting our eyes on it,
So it is called Dokdo Ile.

Dokdo Ile, being away from us,
Only with our support and yearning,
Is our companion and friend.

As far as you exist with us,
Dokdo Ile is a lovable being we can cry and laugh together
By inseparably bound up with the sweet and noble friendship.

Dokdo Ile is a pride and hope of Korea,
Standing aloft gracefully between high waves of the wild sea.
As our reliable watchman.

It is a mysterious Island,
A great pleasure of our race and a treasure,
Ah, a boastful Dokdo Ile!

아내

사랑을 잃지 않고 산다는 건
아름다운 인생이다

첫사랑과 결혼해서
긴 세월 그 마음 그대로 간직하고
마주보며 살아온 그녀

진실된 대화로
진실된 미소로
진실된 마음으로
충실하게 살아온 우리 부부

앞으로도 못다 한 사랑
더욱더 나누면서
당신을 만난 일 행운이었다고 말해 주련다

My Wife

That we live without losing love
Is beautiful life.

She is the first lover whom I married,
And I have been living with the first mind
Without a change for a long time.

We are a couple who have lived sincerely as knife and fork
With a truthful dialogue,
With a truthful smile,
With a truthful mind,

Sharing our love more in future
That we didn't love,
I would like to say that it was a fortune to meet you.

창밖으로 보는 세상

아름다운 자연

작고 네모난 창문에
흰 구름이 걸려 있다

그 사이 사이로 보이는
파란 하늘과
세월에 모여 사는 사람들

내 모두를
흰 구름 속에서 우리의 삶 성찰하고
인생 속 우리 자신을 돌아보고
세상 보는 지혜를
배운다

그 많던 세월
기쁨과 슬픔이 교차되던 많은 시간
찬란한 그림자로 오는
희망을 본다

A World Outside the Window

A beautiful nature

With white clouds
Hangs on a little square window.

The blue sky between them
And the people living together
In the lapse of time,

I learn
All things of mine,
Wisdom for the world
Reflecting deeply on our life in the white clouds,
And looking back on myself of the human life.

Through all the time
Crossing joys and sorrows,
I see a hope
Coming near as a brilliant shade.

용문사

용문산 기슭
마음은 가득히 산들바람 불며
흐르는 물소리 새소리
나이테에 숨긴 역사의 숨결 간직한 채
천년 은행나무 손을 흔든다

약수를 마시며
숲 속을 가면
늘 님이 가까이 있고
가 버린 젊음까지 앞에 선다

숲은 나의 눈빛으로 적시고
푸른 사색은 내면 깊숙이
어깨에 푸근히 안기는 호흡까지
시심에 젖은 한 그루 나무되어
이 산에 남아 있다

Yongmun Temple

At the foot of Mt. Yongmun
Blowing a gentle breeze with a mind fully,
Murmurs of stream and the sound of birds,
With keeping historic breath hidden in an annual ring,
A thousands gingko nut tree waves its hands.

When I walk in the forest
Drinking a spring water,
Always the lover is near me
Even bygone youthfulness walks at the head of me.

A forest is soaked by my eyelight,
A green speculation remains
In this mountain as a plant of tree,
Deeply impressed into poetic sentiment
With its breath falling softly upon its shoulder.

산은 구름을 탓하지 않는다

침묵하며
인내하며
새로운 피를 수혈해 주는 산

일에 지쳤을 때
정신이 피로할 때
고독하다고 느껴질 때
왠지 서글퍼질 때
산으로 가자

산은
우리에게 활력과
생명 최고의 보약을 선물해 준다

왠지 우울하면 산으로 가자
마냥 미소 지으며
우리를 반겨 주는 산으로 가자

Mountains don't lay the Fault on Clouds

The mountain
Being patient,
Keeping silence,
And giving a new blood transfusion,

When we are worn out,
Are exhausted in soul,
Get lonesome,
And so feel somewhat sad,
Let's go the mountain.

The mountain
Gives us its vitality,
And the best tonic for our life.

Let's go the mountain, feeling somewhat melancholic,
With a broad smile on our face,
And go to the mountain welcoming us.

분필

돌아보면 아득해라
너와 같이 걸어온 길
희고 곧은 선비로 태어나
살 깎고 가슴 저미며

한 몸 영혼으로 바쳐
그려 논 판서
분분히 날리는 뼛가루들이 그어 논
발자국 위 비수로 꽂히던 눈망울들

뒤돌아 보면 33년
내가 닦아 놓은 푸른 길 위로
많은 눈동자들
열정과 청운의 꿈을 안고
걸어 갔구나

때로는 메아리로
때로는 눈물로 흐르는 교정
저 개나리꽃 곱게 핀

동산을 스쳐 간 얼굴들아
기억 없는 그 많은 시간을 묻으며
지친 나의 영혼
네 안에 조용히 뉘인다

Chalk

When I look back the course I walked
With you, it is far away
Born as a gentleman of honest and white,
Slicing off fleshes and the hearts

The whole body devoted its sprite to
The blackboard demonstration
The eyeballs are hit by pathos piled up
On the footsteps by powder
Of bones flying confusedly

Looking back the green road
That I improved over the 33 years,
Lots of eyeballs went by,
Cherishing passions and entertaining
A high ambition

Sometimes it was an echo or
The campus flowing with tears,
Many faces went past by the hill where forsythia

Were in bloom lovely
My fatigued spirit lies in your mind
Gently,
Burying much time that I don't remember

까치밥으로 남긴 감 하나

얘, 아범아!
다 따내지 말고
거 까치밥으로 남겨 두려무나!

긴 대나무를 휘두르며
빨갛게 익은 감나무에 올라
조심 조심스럽게 따고 있을 때
우리 할아버지가
안마당을 지나시다가 하신 말씀이
지금도 생생하게 들린다

주렁주렁 빨갛게
참 많이도 달렸었지

맨 우듬지의 감 하나만 간신히
따지 않았던 내 야박스러움

날씨는 차가워지는데
내 눈치만 살폈던 까치들
얼마나 나를 야속타 했을까

One Perssimon Saved As The Food For Korean magpie

Listen! My grandsonny boy!
Do not gathering all of them
And save some as the food for Korean magpie!

Swinging with a long bamboo stick
And going up to the perssimon tree riped red,
When I gather them carefully
My grandfather
Passing front yard and saying,
Still in hear sprightly

In full clusters red
How much heavily loaded on the tree...

Barely not gathering only one persimmon on the very
  edge of the branch,
What a coldheartness I am!

Although the weather is getting cold
The Korean magpies that it studied my facial expression
How much did they feel bitter at me.

가을 하늘 달빛송현

오 승 아
〈운현초등학교 2학년〉

가을 하늘은 내 마음같이 파랑색이다

그래서 가을 하늘도
그렇게 예쁜 파랑색인가 보다

예쁜 코스모스
키 큰 해바라기

넓은 들판에
아름다운 꽃밭
역시 달빛송현

무지개

오 승 아
〈운현초등학교 2학년〉

무지개 무지개
어여쁜 무지개

무지개 무지개
아름다운 무지개

한 번도 본 적은
없지만
일곱 색깔인 걸
알지요

언젠가는 꼭 한 번
보고 싶어요

■ 종로구 독서경진대회 독후감 입상

공장식 농장, 지구가 아파요!

오 승 아
〈운현초등학교 2학년〉

책표지를 보는데, 마음이 너무 괴로웠다. 닭들이 꼭 감옥에 갇혀 있는 것처럼 보였기 때문이다. 책장을 넘기자 '소의 방귀' 에 대한 이야기가 나와서 웃음이 나왔다. 하지만 책을 읽을수록 웃음은 사라졌다. 온실가스로 병들어 가는 지구를 생각하니 슬프고 걱정이 되었다. 나는 어른이 되면 지구를 고치는 의사 선생님이 되고 싶다.

투발루라는 나라는 바닷물이 점점 높아져서 사라져 가고 있다. 뜨거운 지구에 양산을 씌울 수 있다면 좋을 텐데……. 아프리카 수단에 사는 친구는 물이 부족해서 기린 오줌에 더위를 식히기도 한다. 환경에 대한 책들을 보며 우리나라도 아프리카나 투발루처럼 되면 어쩌나 겁이 났다.

내가 맛있게 먹는 닭고기와 돼지고기, 소고기들이 어

떻게 식탁까지 왔는지 생각해 본 적이 없었다. 좁은 곳에 갇혀 항생제 주사를 맞으며 따닥따닥 붙어 지내는 돼지도, 불이 꺼지지 않는 곳에서 알만 낳으며 사는 닭도 너무 가여웠다. 아무리 닭이 5초 만에 기억을 까먹는다고 해도 그렇지 너무했다. 하지만 우리가 고기를 안 먹을 수는 없다. 고기에는 꼭 필요한 영양소가 있기 때문이다.

갑자기 '숙제'가 떠올랐다. 하기 싫지만 꼭 해야만 하는 '숙제' 말이다. 그래서 나는 지구를 위해 내가 할 수 있는 것들을 생각해 보았다. 양치할 때는 꼭 물을 잠그고, 음식은 남기지 않고, 분리수거도 열심히 하고, 주말에는 플로킹을 해서 지구가 건강하게 도와줄 거다. 그리고 우리 가족들에게도 함께 하자고 얘기해야지!

외할아버지는 내가 엄마 뱃속에 있을 때 나에게 건강한 채소와 과일을 주기 위해 농사를 짓기 시작하셨다. 농약을 치지 않고 매일매일 땀 흘리며 일을 하는 할아버지 덕분에 우리 가족은 참 행복하다. 나는 오늘도 건강한 지구를 위해 우동과 김밥을 다 먹었다. 또 학원은 열심히 걸어 다니며 지구를 지키는 중이다. 무더운 여름에도 쌩쌩 에어컨 대신 손부채를 사용해서 북극곰과 남극펭귄에게 얼음을 선물해 주고 싶다. 사랑하는 지구야, 아프지마~ 지구특공대 오승아가 지켜 줄게!

■ 서울특별시 교육감상

내 특별한 친구를 소개합니다

오 승 아
〈운현초등학교 2학년〉

"아이패드, BTS, 6시 내고향 기차소리, CD, 마이쮸, 호박죽, 핸드폰" 여러분~ 이게 뭘까요? 정답은 바로! 내 친구 별이가 좋아하는 것들입니다. 그럼 지금부터 내 특별한 친구 '별이' 를 소개합니다.

5살부터 어린이집을 같이 다닌 내 친구 *별이는 머릿속에 있는 뇌가 조금 아픈 친구다. 엄마가 말씀해 주셨는데 '뇌량 무형성증' 이라고 한다. 우리는 작년에 같은 초등학교에 입학했다. 친구들도 바뀌고, 선생님도 달라져서인지 별이는 가끔가다 수업시간에 큰 소리로 울었다. 그래서 교무실에 자주 가 있었다. 나는 별이의 그런 모습이 창피할 때도 있었다. 별이는 내 친구니까 다른 친구들에게 내가 대신 사과해야 할 것 같았다. 또 별이가 괜찮은지 신경이 쓰여 마음이 불편했다. 그러다 내가 짝꿍이 되어 별이가 '새소식' 발표를 할 때, 별이의 귀에 대고 별이가 할 말을 얘기해 주었다. 난 계속 도와주고 싶었지만 별이는 결국 집 근처 '도움반'이 있는 학교로 전학을 갔다. 별이는 가끔 소리도 지르고 똑같은 질문을 계속한다. 팔다리가 불편한 건 아니지만, 약도 먹어야 하고 다른 사람들이 이해해 주고 도와주어야 한다.

별이는 춤추고 노래 부르는 걸 좋아한다. 물론 "승아야! 무슨 노래 좋아해?" 라고 물어보곤 자기가 듣고 싶은 노래를 튼다. 또 엉뚱한 소리도 잘하고 아직 발음이 정확하지 않아서 다른 사람들은 별이가 무슨 말을 하는지 잘 알아듣지 못할 때도 있다. 하지만 나는 별이와 자주 만나고 이야기를 많이 해서인지 잘 알아들을 수 있다. 역시 시간이 약이다! 작년 겨울에 어린이집 친구들과 별이네 집을 놀러갔는데, 다른 친구들은 어색하고 불편해 보였다. 자꾸 놀다 보면 별이도 우리랑 비슷한 게 많다는 걸 알 수 있는데 말이다.

별이는 손가락에 힘이 없어서 불편한 데도, 자기 이름도 쓸 줄 안다. 나는 매일 학원을 가는데, 별이도 매일 센터를 다니면서 말도 잘하게 되고, 동화책도 읽고 쓰게 되었다. 난 그런 별이가 정말 대견하다고 생각한다. 그치만 나도 별이가 어려울 때가 있었다. 한 번은 우리 집에 놀러 와서 내 영어 CD를 가져가려고 했다. 엄마가 "별아~ 그건 승아가 쓰는 거라서 안 돼!"라고 하니까 별이가 속상했는지 엄청 울었다. 엄마도 나도 별이 이모도 어쩔 줄 몰라 당황했다. 이젠 자주 보니깐 속으로 '왜, 또 그러지?' 하고 만다. 누구나 속상할 땐 우니깐~

별이는 축구도 잘하고 모르는 사람에게 인사도 잘한다. 기억력도 엄청 좋고, 아주 작은 소리도 잘 듣는다. 별이가 우리랑 좀 달라도 난 별이가 좋다. 7살 때 별이가 우리 집에 놀러 왔는데 "별이가 친구네 집에 놀러온 게 처음이에요" 라고 이모가 말했다. 별이네 가족이 돌아가고 나서 엄마가 울었다. 별이는 나처럼 친구가 많이 없을 것 같아서 좀 더 친한 친구, 좋은 친구가 되어 주고 싶다. 슈퍼에서 별이에게 줄 과자를 살 때 '별이가 좋아하겠지?' 생각하면 흐뭇하다. 별이에게 좋은 친구가 많이 생겼으면 좋겠다. 그래도 제일 친한 친구는 내가 계속 하고 싶다.

별이는 전화하는 걸 좋아해서 우리 엄마랑 자주 통화한다. 엄마가 설거지를 하거나 바쁠 때 내가 받으면 훨씬 길게 통화한다. 내가 자기 친구라서 더 편한지 이것저것 물어본다. 내 피아노 위에는 별이가 써 준 카드가 놓여 있다. 별이는 내 생일이나 크리스마스에 꼭 편지를 써 주는 마음이 따뜻한 친구다. 이모가 하트를 그려

주면, 별이가 색칠을 한다고 한다. 이번 내 생일에 선물해 준 인형은 매일 안고 잔다.

그리고 별이 이모는 참 좋은 엄마다. 별이가 뱃속에 있을 때 아픈 걸 알면서도 낳았다고 한다. 그리고 다른 아이들과 다르다고 버리지도 않았다. 이모는 항상 별이를 사랑해 주고, 별이가 사 달라는 건 다 사주는 거 같아서 부럽다. 별이는 새로운 과자를 사서 흔드는 걸 좋아한다. 그래서 별이 집에는 뜯지 않은 젤리와 사탕, 초콜릿이 가득하다. 1학년 때처럼 매일 놀러가진 못하지만, 가끔 학원 끝나고 엄마랑 〈별이 편의점〉에 놀러가서 같이 필라테스 놀이를 하고, BTS노래에 춤을 춘다. 내가 집에 갈 때면 별이가 젤리와 과자들을 선물해 준다. 꼭 그래서 가는 건 아니지만, 별이네 집은 장난감도 많고 언제나 가고 싶은 곳이다.

난 내가 좋다. 별이도 자기를 좋아하면 좋겠다. 근데 난 가끔 궁금하다. 별이는 행복할까? 자기가 조금 불편하다는 걸 알고 있을까? 정답은 언제쯤 알 수 있을까? 그리고 내가 자기를 좋아한다는 것도 알고 있을까?

별이야~ 넌 나의 가장 특별한 친구야!

사랑해~

*본명 대신, 별명으로 대신합니다.

■ 발문

구김살 없이 진솔하게 표현된 작품들

유 종 호

〈평론가, 前 연세대 특임교수 · 예술원 회장〉

인구에 회자되는 논어의 한 대목에 소인한거위불선(小人閑居爲不善)이란 것이 있다. 덕을 갖추지 못한 사람이 한가하게 지내면 좋지 못한 일을 저지르게 마련이라는 것이다.

윌리엄 블레이크의 '지옥의 격언'에 나오는 "바쁜 꿀벌은 슬퍼할 틈이 없다"는 말은 이제 서양쪽의 속담으로 굳어진 바 있다. 한가하게 지내는 것을 경계한다는 점에서 같지만 동양쪽은 도덕적인 측면에서, 서양쪽에선 정신 내지는 심리경제적인 측면에서 거론하고 있는 것이 다르다면 다르다. '바쁘다, 바빠'가 한때의 유행어가 되어 있던 작금의 우리 사회에서 '한거'란 것은 예외적인 소수 특수층의 경우에나 해당되는 말이라 해도 지나치지 않는다.

그러나 시간의 활용이 '불선'으로 기울거나 감정과 심리적 낭비로 흐르는 경향이 있다는 것은 사람살이의 어쩔 수 없는 국면이기도 하다. 그러한 맥락에서 우리 사회에 불고 있는 자아실현을 위해 시간을 쪼개는 갖가지 자기개발 현상은 소중하고 긍정적인 것이라 생각한다. 무엇인가를 좋아하는 애호가가 되려는 자기개발은 예술애호에서 스포츠 애호, 농촌 경험에서 노력 봉사에 이르기까지 참으로 다양하다. 국민 사이에 될수록 많은 애호가가 생기는 것은 삶의 질과 사회의 질은 함께 높이는 하나의 방안이 될 것이다.

우리 사회에서는 시인이 너무 많다거나 문인이 많다거나 하는 소리가 이따금 들리기도 한다. 그러나 자기개발을 위한 애호가가 많으면 많을수록 좋다는 관점에서 본다면 부질없는 헛걱정이 아닌가 생각되기도 한다. 가령 문학 애호가나 음악 애호가는 많으면 많을수록 사회에서 '위불선'의 공간은 적어진다고 생각할 수 있기 때문이다.

이번에 오진환 시집을 접하면서 그러한 생각을 다시 하게 되었다. 이 시집의 저자는 교사이자 해외 선교 경

험이 풍부한 신앙인이자 자기 경험을 시로 드러내는 시인이다. 그는 이른바 전업 문인이 아니지만 바로 그러하기 때문에 그의 시적 노력은 독백이나 유아론적(唯我論的)인 고립된 세계로 함몰되어 있지 않은 것으로 보인다. 그러한 의미에서 건강한 애호가의 정신이 구김살 없이 진솔하게 표현되어 있다고 할 수 있다.

외로움이 닥쳐와도
낙심하거나 걱정하지 말찌라
영적 풍성함이여
나그네 같은 삶이어라

본향을 바라보며 하나님 찾아
생명의 길 가노라
하나님의 풍성한 삶이어라

우리들 죄악의 짐 걸머지고 걸어가신
골고다 십자가의 길
예수님 가신 길을 따라가노라

—「생명길」에서

뒤돌아 보면 33년
내가 닦아 놓은 푸른 길 위로
많은 눈동자들
열정과 청운의 꿈을 안고
걸어 갔구나

때로는 메아리로
때로는 눈물로 흐르는 교정,
저 개나리꽃 곱게 핀

동산을 스쳐 간 얼굴들아
기억 없는 그 많은 시간을 묻으며
지친 나의 영혼
네 안에 조용히 뉘인다

―「분필」 중에서

이것은 그의 삶에서 똑바로 나온 생활의 실감일 것이다. 그러기에 어렵지 않고 외지거나 구석지지 않다. 나그넷길 같은 삶을 성실하게 걸어가는 신앙인의 신앙고백이요 동시에 자기 설득이기도 하다. 두터운 신앙인인 그에게 자연과 세계는 바로 하나님의 은총이며 인간에게 내린 축복이다. 이 시집에 자연에 대한 소회가 많은 것은 따라서 당연하고 자연스럽다. 자연을 보면서도 그는 신앙인으로서의 자기를 의식한다. 가령 그의 고향 근처의 폭포인 수옥정을 노래한 작품에는 다음과 같은 대목이 보인다.

봄날이 녹듯 흐르는
자연수 앞에
내 마음의 죄악된 마음을
씻어 버리리

문경새재의 맑은 물
수놓은 자연수 앞에
우리의 마음이
새로워지리라

—「수옥정」에서

그러한 의미에서 이 시집은 저자가 틈틈이 써 모은 세계와 자연과 신과 인간에 대한 사사로운 찬송가라고 할 수 있다. 독자들은 사람의 죄인됨과 신의 은총과 자연 속에서의 신앙심의 재확인을 곳곳에서 읽을 수 있다. 찬송가는 누구나 부를 수 있도록 알기 쉽고 노래하기 쉽고 공감하기 쉽게 구성되어 있다. 그래서 독자들은 쉬 저자의 사람됨을 감축하며 거기에 전염된다.

봄비를 맞으며
나는 누구일까

소명에 응답하는
체험을 통한 우리
어부 되게 하신 이

빈 삶의 모습 속에
늘 그림자로 오시는

귀한 사명 감당하는
나, 사람 낚는 어부 되리라
—「낚시」에서

험난했던 20세기를 살아온 우리들에게 평온하고 평화로운 세월은 없었다. 그럼에도 세대간, 지역간, 계층

간의 갈등에 더하여 이념적인 갈등이 격해 가는 듯한 작금의 추세는 우리들로 하여금 우리의 내일에 대한 우려를 금치 못하게 한다. 이런 때일수록 우리는 사회의 한 모퉁이에서 소리 내지 않고 자기의 소임을 다하면서 성실하게 살아가는 많은 사람들을 돌아보게 된다. 세상에 절망하지 않고 인간에 대한 믿음으로 세상을 살아가는 선의의 사람들이 많기 때문에 사회도 이만큼 발전해 온 것일 터이다. 또 일말의 우려를 떨쳐 버리지 못하면서도 여전히 내일에 대한 믿음과 희망을 버리지 않는 것도 이러한 부류의 사람들 때문일 것이다.

에이레의 시인 예이츠는 "최상의 사람들은 신념을 갖지 못하고, 최악의 무리들은 강렬한 격정에 사로잡혀 있다"고 노래한 적이 있다. 오늘의 상황도 다르지 않다고 해야 할 것이다. 예술을 애호하고 죄악된 마음을 씻어내리는 사람들은 어디서나 최악의 무리와는 떨어져 있다. 이들이야말로 시인 유치환이 말한 "세상의 쓰디쓴 소금"들일 것이다.

아아 빈한함이 아무리 아프고 추울지도
유족함에 개같이 길드느니보다

가난한 벌 아래 끝내 고개 바르게 들고
너는 세상의 쓰디쓴 소금이 되라

—「가난하여」에서

시골 중학 후배가 펴내는 "오진환 시집"을 접하면서 문득 소년 시절 즐겨 외웠던 청마의 "가난하여"를 떠올렸다. 특히 빼어나다고 할 수 없는 이 작품에 끌린 것은 거역할 길 없는 작품의 설득력 있는 권면 때문이었다. 교훈적인 것은 때로 저항감을 느끼게 하지만 이 작품은 그렇지가 않았다. 아마 "세상의 쓰디쓴 소금"은 한두 사람이 아닐 것이다. 다만 이들이 있음으로 해서 우리 사회가 이만큼 굴러 가는 것은 누구도 부정할 수 없다.

마찬가지로 이 시집의 저자가 바로 이러한 "세상의 쓰디쓴 소금"의 한 사람임에 틀림이 없다는 것도 떨쳐 버릴 수 없는 나의 실감이다. 물리치지 못하고 이 짤막한 발문을 적은 까닭이 여기에 있다.

■ 해설

주님에 대한 찬송과 아름다운 삶에 대한 갈망
–오진환 시집 『학이 되어 그대 품에』에 부쳐

신 경 림

〈시인 · 예술원 회원〉

오진환 시인의 시세계를 알기 위해서는 먼저 표제가 되어 있는 시 『학이 되어 그대 품에』를 읽어 보는 것이 좋을 것이다.

> 온 인격으로 당신을 사랑합니다
> 그리움에 하늘을 바라보며
> 학이 되어 그대 품에 가렵니다
>
> 그대를 향한 간절한 모습
> 온몸으로 바칩니다
> 십자가를 향한 간절한 모습
> 나의 모든 것 드리옵니다
>
> –전문

이 시에서 '당신', '그대' 가 주님을 가리킴은 설명이 필요 없을 터이다. 그래도 굳이 설명하자면 첫 연에서는 '당신'을 사랑한다는 것 그리고 '그대' 품에 가겠다는 염원을, 둘째 연에서는 자신의 모든 것을 '그대'에게 바치겠다는 의지를, 셋째 연에서는 그의 애절한 소망은 십자가를 향한 것이며 그를 위해 "내 모든 것 드리"겠다는 뜻을 고백하고 있다고 읽을 수 있다. 결국 표현이 조금씩 다르지만 모든 진술이 그가 가장 높은 가치를 주님에 대한 믿음에 두고 있다는 얘기가 된다.

여기서 "학이 되어 그대 품에 가렵니다"에 주목해 보자. 학은 적어도 동양에서는 오랫동안 이상적인 인간형으로 각인되어 온 상징이다. 속세의 먼지 속에서도 학처럼 사는 것, 이것은 비단 이 시인만의 꿈이 아니리라. 그러나 그에게 있어 학이 된다는 것은 "그대 품에 가"는 데서 비로소 의미가 있게 된다는 함의를 이 구절은 내포하고 있다. 말하자면 그가 학이 되고 싶은 것, 아름다운 삶에 대한 갈망은 "그대 품에 가"기 위해서이지 그것이 아니라면 아무 의미가 없다는 뜻으로 확대해서 해석할 수도 있을 것이다.

40여년 전 세례, 집사 안수, 장로 장립, 수차례에 걸

친 미얀마, 인도 카자흐스탄, 몽골, 캄보디아 등 단기 선교여행 등 그의 개인사는 그의 삶을 주님에 대한 믿음을 빼놓고는 설명할 수 없음을 말해 준다. 그의 모든 시를 관통하고 있는 사상이나 정서가 주님에 대한 믿음임은 너무나 당연한 일이다. 한 편을 더 읽어 보자.

고난의 길
축복의 길
끝나지 않은 길

넓은 광야와 같은 길을
걸어가노라

지나간 시간의 아쉬움보다
미래를 바라보는 민족 되리

님을 그리워하는 민족
태양 아래 늘 보호받는
민족이여!

—「캄보디아」 전문

캄보디아라면 우리는 혁명이라는 미명 하에 수백만

의 무고한 사람들이 학살당한 죽음의 땅의 이미지로 기억하는 것이 보통이다. 이 시는 그 땅을 선교 여행하면서 느낀 것을 형상화했다고 이해하면 될 것이다. "고난의 길"은 이 땅에 사는 사람들이 겪은 고난을 얘기하는 것이요, 그것이 "축복의 길"로 비약하는 것은 그 땅에 주님의 메시지가 도착했기 때문인 터이다. 여기서 그는, 이제는 지나간 세월을 아쉬워하지만 말고 미래를 바라보는 민족이 되라고 외친다. "님을 그리워하는 민족/ 태양 아래 늘 보호받는 민족"이야말로 그가 꿈꾸는 캄보디아의 행복한 미래이다. 비신자들에게는 거부감을 줄 수도 있는 이러한 사상과 정서, 이것이 그의 시 한 편 한편에 배어 있다고 말해도 지나치지 않을 것이다.

물론 그의 시에 조금은 다른, 가령 자연이나 사람의 아름다움을 노래하는 등의 시가 없는 것은 아니다. 예컨대 "우리네 마음은 어느새/ 자연의 소리/ 새의 소리/ 화폭의 소리"('장가계')며 "웅장하고 장엄한/ 천지// 맑고 푸른/ 인간의 한계를 훌쩍 뛰어 넘는 천지"('천지') 같은 자연 예찬도 있고, "미모에 실력까지 겸비한 그녀/ 군살 없는 몸매와 조각 같은 얼굴/ 신의 축복 속에 사슴 한 마리가 환생한 것 같은"('코트의 요정')이나 "불빛 거리가 찬란하다/ 강남이다// 젊은 남녀들이 속삭이며/ 가을을 걷는다"('추억의 만남') 등의 인간송가도 있다. 그러나 '천지'의 결귀가 "한 마음 한 뜻으로 사랑을 나누는/ 중국 단기 선교 기도 여행"인 것이 그의 시의 특징을 잘 말해 주고 있는 바, 광막한 몽골을 보면서 그 감개를 노래한 것이 주조한 '몽골'을 다시 곰곰이 읽는 것도 그의 시 읽기의 한 방법일 것이다.

> 두둥실 떠 있는 몽골 비행기
> 끝이 보이지 않는 사막
>
> 양과 말떼들이 자유를 사는 나라
>
> 아낙네들의 아우성
> 초목들의 음악소리
>
> 어린이들아, 청년들아,
> 주님을 찬양하라
> 초원의 율동을 느껴라
>
> —「몽골」 전문

오진환 제4시집

초록빛 향기 숲을 걷다

초판 인쇄 2023년 4월 13일
초판 발행 2023년 4월 20일

지은이 | 오진환
펴낸이 | 김효열
편 집 | 이세호

펴낸곳 | **을지출판공사**

등록번호 | 1985 년 2월 14일 제 2-741호
주 소 | 서울시 마포구 양화진길 41, 603호
우편번호 | 04083
대표전화 | 02) 334-4050
팩시밀리 | 02) 334-4010
전자우편 | ejp4050@hanmail.net

값 18,000원

ISBN 978-89-7566-227-0 03810